first word search

Phonics Made Fun

Illustrated by
Ed Shems

Sterling Publishing Co., Inc.
New York

10 9 8 7 6 5 4 3 2 1

Published by Sterling Publishing Co., Inc.
387 Park Avenue South, New York, NY 10016
© 2007 by Sterling Publishing Co., Inc.
Distributed in Canada by Sterling Publishing
c/o Canadian Manda Group, 165 Dufferin Street,
Toronto, Ontario, Canada M6K 3H6
Distributed in the United Kingdom by GMC Distribution Services,
Castle Place, 166 High Street, Lewes, East Sussex, England BN7 1XU
Distributed in Australia by Capricorn Link (Australia) Pty. Ltd.
P.O. Box 704, Windsor, NSW 2756, Australia

Sterling ISBN-13: 978-1-4027-4262-0
       ISBN-10: 1-4027-4262-2

For information about custom editions, special sales, premium and
corporate purchases, please contact Sterling Special Sales
Department at 800-805-5489 or specialsales@sterlingpub.com.

A Note to Parents:

Word search puzzles are both great teaching tools and lots of fun. After reading the word and spelling it out loud, have your child search for it in the grid. Then once it's found, have your child use the word in a sentence. This will help to reinforce vocabulary and grammatical skills.

Directions:

Each puzzle consists of a letter grid and a word list at the bottom of the grid. Each word can be found somewhere in the letter grid. The tricky part is that a word can appear reading forward, backward, up, down, or diagonally. There are many different ways to search for a word. A few hints: First look for words that go across; words that go down; or words with unusual letters in them, like Q, Z, X, or J. Once the word is found, draw a circle around it. It's also a good idea to cross out the words from the word list once you've found them so that no time is wasted searching for the same word twice. Once all of the words have been found, check in the answer section to see if they are right. That's all there is to it!

Good luck and have fun!

Long A Sounds

```
I  W  Q  U  X  M  A  T  E
T  E  K  V  L  E  Y  O  E
I  K  T  H  Z  X  D  D  M
M  A  O  A  P  Q  A  J  A
O  L  G  U  R  F  C  D  L
S  T  A  G  E  G  R  W  F
A  N  M  O  E  M  A  L  B
V  G  I  L  A  C  E  D  C
E  F  T  H  R  Z  W  O  X
```

Blame	Lace
Fade	Lake
Flame	Mate
Gaze	Save
Grate	Stage

Short A Sounds

```
T  A  V  U  R  N  L  Q  I
Z  U  L  O  X  F  A  B  D
D  A  N  V  N  X  B  O  T
R  X  A  W  Y  A  R  G  N
A  N  P  X  T  O  L  I  M
G  I  A  U  R  X  Y  P  A
W  R  L  P  A  L  S  O  T
N  Q  F  I  C  X  W  S  H
C  R  A  C  K  H  Q  U  T
```

Crack	Pan
Drag	Plan
Flap	Slap
Lab	Track
Math	Vat

BL Sounds

```
B K Y B L O W A N
L N H I L E Q R B
U A G C S U V J L
R L E X A T N G E
B B L A D E M T E
O H I B U D L X D
Y U O Z I E M B K
B L I M P R U N I
B X R E T S I L B
```

Blade	Blister
Blank	Blob
Bleach	Blow
Bleed	Blunt
Blimp	Blurb

BR Sounds

```
E  W  Z  U  E  Q  N  I  D
I  C  Y  K  B  L  J  A  B
B  C  A  W  I  X  E  R  U
R  X  D  R  R  R  I  D  S
O  M  B  A  B  M  R  W  I
T  O  R  B  R  E  E  Z  E
H  O  A  D  M  Z  Q  E  Y
E  R  V  B  R  I  S  K  X
R  B  E  H  C  N  U  R  B
```

Brace

Brave

Bread

Breeze

Bribe

Brim

Brisk

Broom

Brother

Brunch

CH Sounds

```
W  Y  L  Z  E  M  I  H  C
N  C  H  O  P  F  I  E  H
Z  C  U  D  R  H  K  O  A
G  H  N  M  I  O  B  R  M
N  E  W  S  H  I  J  U  P
I  E  E  C  C  B  E  N  R
A  K  H  V  U  B  Y  D  W
H  Z  C  H  U  R  N  O  K
C  O  Q  L  E  P  A  H  C
```

Chain   Chime
Champ   Chirp
Chapel   Choke
Cheek   Chop
Chew   Churn

9

CK Sounds

```
W  Q  O  T  Q  N  Y  P  K
F  E  J  X  U  Z  L  G  C
L  B  C  H  I  C  K  J  U
O  D  M  I  C  Y  S  A  T
C  R  O  C  K  C  I  S  G
K  B  I  C  V  Y  K  C  B
K  X  A  Z  D  M  I  T  A
N  T  H  I  C  K  Y  A  C
S  D  L  K  C  E  N  R  K
```

Back	Rock
Chick	Sick
Flock	Stack
Neck	Thick
Quick	Tuck

CL Sounds

```
D E W T K C O L C
G O C L A I M J L
C K C U L C R U O
C L E A N E Z C T
L X A N T L I L H
I W Y S I V R E K
N W U X S B M R F
G L D I F I Q K A
C L O V E R C Y D
```

Claim
Classic
Clean
Clerk
Cling

Clock
Cloth
Clover
Cluck
Cluster

CR Sounds

```
C  C  A  C  R  U  T  C  H
I  R  Z  B  I  R  C  O  J
M  E  A  L  Y  N  E  D  H
B  A  F  C  I  Q  L  K  C
W  K  E  D  K  W  D  N  R
E  P  I  S  R  E  A  M  I
R  C  R  A  V  E  R  I  T
C  R  O  W  D  X  C  T  I
L  T  I  F  K  O  O  R  C
```

Cracker
Cradle
Crave
Creak
Crew

Crib
Critic
Crook
Crowd
Crutch

D Sounds

```
D E L A Y R I W K
J A I N D F O C N
D Y M W I Z E J E
M O U P P D K D B
E S N I M A X U H
F M H K U Y L S S
Q U I C E B M T A
J O Z D X Y W I D
G O N I M O D Y K
```

Damp
Dash
Day
Deck
Delay

Dime
Dip
Domino
Donkey
Dust

DR Sounds

```
W  U  S  K  A  C  H  L  O
T  V  E  W  E  R  D  S  M
F  L  D  R  I  B  B  L  E
I  D  R  E  S  S  E  R  H
R  R  R  L  V  Y  G  I  D
D  Y  W  A  M  Q  U  Y  R
K  E  P  M  G  U  I  B  A
D  R  O  N  E  O  R  X  I
E  V  O  R  D  L  N  D  N
```

Dragon   Drift
Drain   Drone
Dresser   Drove
Drew   Drum
Dribble   Dryer

14

Long E Sounds

```
N  U  D  T  A  E  S  J  T
S  T  E  E  P  I  D  R  E
O  B  E  E  T  Y  T  A  A
M  K  P  A  E  N  W  E  L
C  S  O  M  K  I  L  H  M
I  H  X  A  Q  E  J  I  W
N  U  E  Z  W  R  E  A  L
T  L  Y  A  M  T  N  W  Y
B  N  C  K  T  X  Y  R  A
```

Beet	Real
Bleak	Seat
Cheat	Steep
Deep	Teal
Hear	Week

Short E Sounds

```
T  H  I  L  M  D  U  B  I
W  S  L  E  F  T  S  Y  J
Q  U  E  X  P  Z  E  U  X
K  R  O  W  A  S  L  I  F
K  E  C  K  G  L  L  E  B
B  N  I  L  D  I  T  B  F
O  T  L  E  F  Y  G  E  Z
C  H  I  D  U  M  E  N  D
I  H  E  N  L  L  U  D  O
```

Bell	Left
Bend	Mend
Felt	Rent
Hen	Sell
Led	West

FL Sounds

```
D  I  F  K  C  I  L  F  N
Y  F  L  U  R  R  Y  L  E
Z  I  A  P  L  U  E  U  C
L  I  K  G  H  N  T  S  E
P  Y  E  M  N  O  D  H  E
J  O  Z  A  M  U  P  P  L
E  T  L  W  H  S  E  L  F
Y  F  X  F  L  O  U  R  W
T  H  G  I  L  F  U  P  N
```

Flake	Flight
Flannel	Flop
Fleece	Flour
Flesh	Flush
Flick	Flurry

FR Sounds

```
Q U F R A M E Y F
H U F R T U M F R
S H R W E X R Y I
E B O C K E U R Z
R E G I C M D F Z
F A C K B U W O X
G E L F R O W N M
A E M N E Z O R F
F R I L L P U G T
```

Frame
Freckle
Freedom
Fresh
Frill

Frizz
Frog
Frown
Froze
Fry

GL Sounds

```
G Z O A P G L E E
W R E D I L G Y V
G O B S N A L P O
L M A H U R A I L
I L A I G X Z Z G
N C R L A L E P L
T M A O T H O E U
R D N A L G F B M
J G L O O M Y S Z
```

Glad	Glint
Gland	Glob
Glaze	Gloomy
Glee	Glove
Glider	Glum

19

GR Sounds

```
G  M  I  G  R  A  V  E  L
R  W  E  R  P  I  L  M  B
O  J  V  O  Y  D  G  I  X
G  Z  O  W  D  H  R  R  G
G  G  O  I  C  K  U  G  R
Y  X  R  V  I  E  M  R  E
B  G  G  A  V  I  P  A  E
I  T  Y  M  I  P  Y  L  D
S  I  G  R  A  N  T  U  Y
```

Grain		Grime
Grant		Groggy
Gravel		Groove
Greedy		Grow
Griddle		Grumpy

H Sounds

```
G O M I H L D P Y
H Y J U M C R E L
H E F T W H N Z I
I B A W G O N L G
K E C R H L P U N
E D I S T D N M U
L N T U R I M C H
J A X R E P Y H X
W H A M P E R Z O
```

Hamper	Him
Hand	Hold
Heart	Honey
Heft	Hung
Hike	Hyper

Long I Sounds

```
G  H  O  U  V  L  A  D  E
I  T  H  G  I  F  U  M  D
H  O  M  S  N  U  Z  I  I
B  D  I  C  E  C  K  N  T
U  H  E  X  T  U  M  E  X
L  I  F  E  Z  W  J  U  B
O  K  U  X  E  C  I  L  S
V  E  V  Y  R  P  O  C  X
Y  O  C  W  P  R  I  M  E
```

Dice	Prime
Fight	Slice
Hike	Tide
Life	Twice
Mine	Vine

Short I Sounds

```
K  N  I  B  U  F  E  O  L
P  A  N  G  S  L  P  A  I
M  C  E  Y  F  I  T  X  C
I  M  O  P  N  P  G  O  K
H  S  S  I  H  A  P  E  X
O  L  V  L  R  G  R  I  N
E  I  Y  L  O  U  P  E  C
K  P  N  B  Y  E  S  I  X
F  P  T  W  I  G  N  D  L
```

Bin	Hiss
Fit	Lick
Flip	Pill
Grin	Slip
Him	Twig

23

J Sounds

```
M R E T S E J O W
Y N J K Y E U L I
L F A E B O S E J
L N D A T Y T U O
E J E E P L I P K
J C A J U G G L E
U S I O O X Y M N
O J I G S A W R O
N B Y D R I W A J
```

Jade
Jaw
Jeep
Jelly
Jester

Jigsaw
Jog
Joke
Juggle
Just

KN Sounds

```
G   K   N   I   F   E   L   O   A
E   N   B   E   N   E   E   N   K
L   E   K   N   O   C   K   L   O
K   W   N   V   W   T   Z   T   I
C   P   O   W   H   M   I   U   G
U   I   W   G   P   H   Y   N   B
N   T   I   C   A   L   I   S   K
K   N   A   C   K   A   F   L   O
K   C   H   A   R   B   O   N   K
```

Knack		Knit
Knee		Knob
Knew		Knock
Knife		Know
Knight		Knuckle

L Sounds

```
P  I  K  Y  L  E  B  A  L
S  K  L  B  L  Y  W  O  W
L  I  E  C  I  N  W  D  U
T  P  F  I  L  E  M  O  N
S  F  T  O  R  N  D  U  I
O  R  W  E  K  N  I  L  X
L  A  S  T  P  U  B  P  Y
C  A  W  M  A  L  U  N  G
S  P  M  U  L  T  E  R  Z
```

Label	Link
Last	Lost
Left	Lower
Lemon	Lump
Lie	Lung

26

M Sounds

M Y J U B O Y L I
D A M V R K L I M
K A G V L A S T E
D V M I N D O R A
M Z A K C B I S T
O R M U L E H Y M
O A L I H S U M V
N L I O B U P S A
S E R O M E N U H

Mad	Mind
Magic	Moon
Meat	More
Menu	Mule
Milk	Mush

N Sounds

```
N N M O D N E X T
B U M T N I H L Y
Y R M L I B M E S
K S X B N M U K T
N E A R E D E C N
W E P O S R T I O
H M Z O R T E N O
N A C H O M J U K
Y N W O Y S O N Z
```

Nacho
Name
Near
Next
Nickel

Nine
Nook
Nosy
Number
Nurse

NG Sounds

```
B U Z L R A N G L
I C K O M Y F N I
T W U N D E R I K
H U N G Z G E S D
I C H B A N G A F
N T E B W I T R L
G B O L L W O X I
G N O R T S J S N
V N Y I C L A N G
```

Bang	Rang
Clang	Sing
Fling	Strong
Hung	Swing
Long	Thing

NK Sounds

```
G P L A N K O B S
O F S T B A N K L
I V I E L J O N C
K S N O I N H U O
T W K A N T E D R
C H U N K H E I R
T O S E R W A X I
T N O F L A N K N
B K N U R T Y E K
```

Bank	Honk
Blink	Plank
Chunk	Rink
Dunk	Sink
Flank	Trunk

30

Long O Sounds

```
C O N E Z E L O M
S L I P P D Y M E
D L O F S O X H I
L T G A M R T O E
J B I L K U R T X
O F A U P A S N M
L W B L O W Q U O
T R A J C D Y H A
A S B I Z G O A T
```

Blow
Cloak
Cone
Fold
Goat

Jolt
Moat
Mole
Rode
Toe

Short O Sounds

```
B  I  C  K  M  E  R  T  P
H  O  G  R  O  U  L  R  I
S  P  R  O  P  E  O  L  E
T  Y  E  L  O  L  C  A  L
B  D  A  W  H  Y  K  U  N
G  O  E  T  S  F  S  O  R
W  A  S  R  D  B  U  W  J
Z  O  A  S  S  O  L  F  O
C  Q  U  E  T  H  R  O  B
```

Boss   Locks
Cost   Mop
Floss   Prop
Hog   Shop
Job   Throb

PL Sounds

```
D P M U L P U M R
R O B P L A N E T
U S P T S U T I W
Y D E L X T O L P
T P F P A O M I L
N L I L O S L O A
E U P A V E T A Y
L S O C T S N I X
P Y C E P L U G C
```

Place	Plenty
Planet	Plot
Plastic	Plug
Platter	Plump
Play	Plus

PR Sounds

```
D O M J G N O R P
P R O O F R I N G
R N S S E R P O N
I G P L O V R I T
D P R O B L E M N
E Z I R P H S E P
A F N T U R E N R
L O C N B Y N B A
G R E P R E T T Y
```

Pray
Present
Press
Pretty
Pride

Prince
Prize
Problem
Prong
Proof

QU Sounds

```
Q U A C K C I U Q
U U K V Q U I T E
E K I H Z X R D M
S A O L N E E U Q
T Z G U T F C D U
W T U R E G R W I
L I A U Q M A L Z
V U I J A C E D C
Q U A K E Z W O X
```

Quack		Quest
Quake		Quick
Quail		Quilt
Quarter		Quite
Queen		Quiz

R Sounds

```
T  K  N  A  R  N  L  L  I
R  I  B  O  X  E  A  B  D
D  A  N  V  E  R  B  O  T
N  X  A  R  Y  A  R  R  N
R  E  M  O  T  E  L  O  W
I  P  A  U  R  D  Y  S  A
V  R  L  P  R  U  L  E  Y
E  Q  T  O  O  R  W  J  H
R  H  A  I  K  H  R  A  M
```

Ram
Rank
Reel
Remote
Rib

River
Root
Rose
Rude
Rule

SC Sounds

```
F  K  Y  W  T  O  O  C  S
D  S  C  A  R  L  E  T  C
R  A  C  S  G  U  V  J  O
R  Z  I  E  C  T  N  G  W
S  T  E  A  N  O  M  T  L
C  H  N  B  U  T  R  X  D
O  U  O  Z  I  E  M  E  K
F  S  C  A  L  L  O  P  I
F  X  S  V  E  P  O  C  S
```

Scallop		Scone
Scar		Scoot
Scarlet		Scope
Scent		Score
Scoff		Scowl

SK Sounds

```
L  L  I  K  S  Q  N  I  D
Y  D  I  K  S  K  I  N  B
P  C  A  W  I  X  O  R  U
R  S  K  I  R  T  I  L  S
S  K  A  T  E  M  R  L  I
T  Y  R  L  R  I  E  U  E
H  O  E  D  K  N  U  K  S
S  K  I  M  P  Y  V  S  X
S  B  E  H  P  M  U  K  B
```

Skate
Skeleton
Skid
Skill
Skimp

Skin
Skirt
Skull
Skunk
Sky

SL Sounds

```
R E D N E L S H C
N S H Y P F L E P
S L A T E H I S R
L A N H I O N L U
E N W C H I G I L
E T E U C B E P S
K S L O P P Y P W
H Z S L U M B E R
C O Q S E P A R C
```

Slant	Slipper
Slate	Sloppy
Sleek	Slouch
Slender	Slumber
Sling	Slurp

SM Sounds

```
W S M E L L I G Y
R B U R L O V I N
A S M A C K D F K
E R M D A N W I C
M S N S M O K Y O
S M G A Q U R Y M
I A U S E L I M S
C S A P R I M C O
R H T O O M S R I
```

Smack
Small
Smash
Smear
Smell

Smirk
Smile
Smock
Smoky
Smooth

SN Sounds

```
Z  B  U  N  S  Y  L  O  S
S  N  U  G  A  T  N  E  N
I  S  P  T  R  O  U  C  A
N  E  N  O  T  H  A  N  G
B  S  N  O  R  K  E  L  U
T  S  A  C  W  K  R  S  O
S  N  O  B  F  M  A  R  S
P  U  F  R  E  E  N  S  F
S  N  I  P  G  V  S  Q  U
```

Snag	Snorkel
Snare	Snort
Sneer	Snow
Snip	Snub
Snob	Snug

ST Sounds

```
S  W  Y  S  S  T  Y  L  E
T  L  H  U  W  D  L  E  S
E  A  M  X  R  L  S  O  T
W  E  V  U  I  Q  T  U  O
H  T  T  O  I  T  E  I  O
C  S  T  A  N  D  M  A  P
B  X  Z  G  O  F  A  R  T
N  R  E  L  L  O  R  T  S
S  T  I  T  C  H  C  O  S
```

Stadium   Stitch
Stand   Stoop
Steal   Stroller
Stem   Sturdy
Stew   Style

SW Sounds

```
J  T  F  I  W  S  C  K  I
M  A  G  I  S  W  E  A  R
S  W  O  O  P  E  B  I  D
H  G  I  B  S  A  Z  O  S
S  C  K  S  U  T  M  P  W
W  W  T  D  W  Y  M  X  O
I  L  I  A  C  A  H  R  O
N  L  K  P  W  U  B  Y  S
G  Z  F  S  E  S  T  P  H
```

Swab	Swift
Swamp	Swipe
Swatch	Swoop
Swear	Swoosh
Sweaty	Swing

TH Sounds

```
T H E R E N B T T
H H Y T S R I H T
I G A W K J I I X
C S Z N O N I R L
K O V E G N L T Y
I D L I R K E Y O
P E A O C H W O R
G U H T L T H E Y
D T H U N D E R I
```

Than	Thirst
There	Thirty
They	Thorn
Thick	Thug
Thing	Thunder

TR Sounds

```
L P A R T O V E C
A N T R U M P E T
M T R U T H A K R
E M E O U N T O I
T R E N D X T X P
A U N I S C I N L
B E O Y A Z N D E
W U T R O L L I T
L D T E T M I R T
```

Tractor
Trap
Tree
Trend
Trim

Triplet
Troll
Trout
Trumpet
Truth

Long U Sounds

A F L U J M I N Y
U Z P L E U N C D
S E D O R E I T H
E U I N G S I C N
D L J A U N W H E
B C I M U T E R D
E G U H S I C O M
T O P T R U E L A
B L U E Y S W A T

Blue
Clue
Flu
Huge
Juice

Music
Mute
Suit
True
Used

Short U Sounds

```
R  G  R  U  N  T  E  A  R
P  E  P  R  I  S  Z  M  U
O  T  S  U  G  H  Z  R  N
B  I  G  M  C  H  U  M  Y
B  L  I  N  L  T  F  R  L
O  G  U  K  F  O  R  N  K
I  R  B  S  L  U  E  G  O
C  F  W  E  H  X  B  A  D
T  S  U  R  T  Z  G  U  M
```

Blush		Gust
Chum		Hurry
Crunch		Mug
Fuzz		Run
Grunt		Trust

V Sounds

```
P O M G V I P E R
S U R I V O E S T
W A T L A C O V E
E L D S X N O G V
V N T V A U L T L
P O A C R V T Y E
B Y L W O R Z G V
N O K T R V E R B
V B E V A L L E Y
```

Valley	Viper
Vast	Virus
Vault	Vocal
Velvet	Volcano
Verb	Volt

48

WH Sounds

```
B Z W H A L E W B
L I G Y U M P H Y
J H H A Z G O E N
K W H I S P E R N
W V A S H P N E I
H R A T C M I E O
E U T B I W H O E
E F O R H E W Y O
L U G O W H A C K
```

Whack
Whale
Wheel
Where
Which

Whine
Whisper
Whiz
Who
Why

49

WR Sounds

```
W  R  I  S  T  G  U  S  M
B  A  L  S  G  N  O  R  W
W  R  E  C  K  H  A  V  K
R  G  L  U  N  H  W  F  R
I  O  T  M  C  H  R  E  W
N  L  S  N  L  K  A  N  R
G  B  E  U  N  I  P  R  I
S  R  R  E  T  O  R  W  T
W  Y  W  R  I  N  K  L  E
```

Wrap   Wrinkle
Wreck   Wrist
Wrench   Write
Wrestle   Wrong
Wring   Wrote

50

Y Sounds

```
S  A  P  A  Y  M  Y  A  N
W  T  Y  H  A  Y  A  N  K
O  B  A  R  O  N  W  L  O
L  V  R  E  S  P  N  K  D
L  I  N  S  G  I  J  O  R
E  B  L  N  I  S  Y  T  A
Y  O  U  R  C  E  S  E  Y
A  O  N  Y  A  B  I  L  I
Y  S  M  R  F  I  C  E  W
```

Yank	Year
Yap	Yellow
Yard	Yes
Yarn	Young
Yawn	Your

Z Sounds

```
X E N O Z P H Z Z
I L N A O P H O B
Z E R O O I M D C
E Q U A M B D I R
S Y O P I D E A L
T N Z E B R A C O
V A E F U R N J A
C Z A P K S H Y M
N A L P O S Z I P
```

Zany
Zap
Zebra
Zero
Zest

Zip
Zodiac
Zombie
Zone
Zoom

Long A Sounds

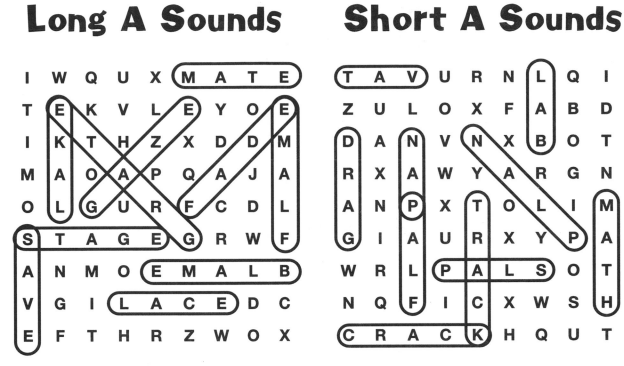

```
I  W  Q  U  X  M  A  T  E
T  E  K  V  L  E  Y  O  E
I  K  T  H  Z  X  D  D  M
M  A  O  A  P  Q  A  J  A
O  L  G  U  R  F  C  D  L
S  T  A  G  E  G  R  W  F
A  N  M  O  E  M  A  L  B
V  G  I  L  A  C  E  D  C
E  F  T  H  R  Z  W  O  X
```

Short A Sounds

```
T  A  V  U  R  N  L  Q  I
Z  U  L  O  X  F  A  B  D
D  A  N  V  N  X  B  O  T
R  X  A  W  Y  A  R  G  N
A  N  P  X  T  O  L  I  M
G  I  A  U  R  X  Y  P  A
W  R  L  P  A  L  S  O  T
N  Q  F  I  C  X  W  S  H
C  R  A  C  K  H  Q  U  T
```

BL Sounds

```
B  K  Y  B  L  O  W  A  N
L  N  H  I  L  E  Q  R  B
U  A  G  C  S  U  V  J  L
R  L  E  X  A  T  N  G  E
B  B  B  L  A  D  E  M  T  E
O  H  I  B  U  D  L  X  D
Y  U  O  Z  I  E  M  B  K
B  L  I  M  P  R  U  N  I
B  X  R  E  T  S  I  L  B
```

BR Sounds

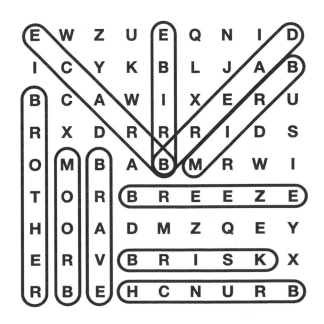

```
E  W  Z  U  E  Q  N  I  D
I  C  Y  K  B  L  J  A  B
B  C  A  W  I  X  E  R  U
R  X  D  R  R  R  I  D  S
O  M  B  A  B  M  R  W  I
T  O  R  B  R  E  E  Z  E
H  O  A  D  M  Z  Q  E  Y
E  R  V  B  R  I  S  K  X
R  B  E  H  C  N  U  R  B
```

CH Sounds

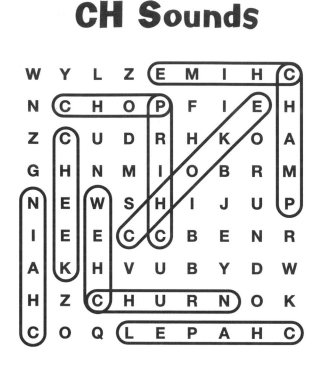

CK Sounds

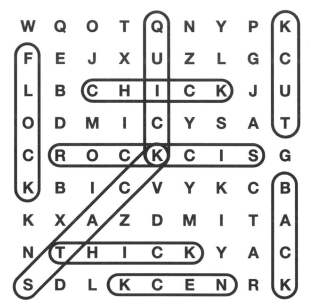

CL Sounds

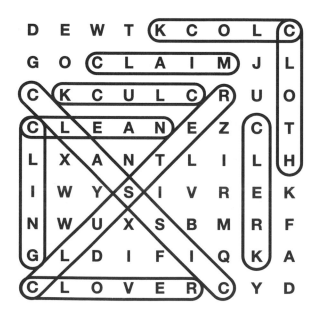

CR Sounds

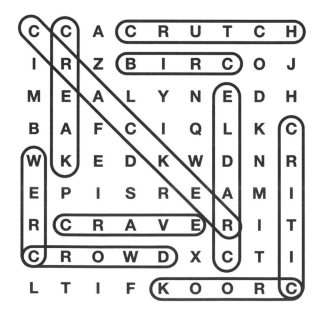

54

D Sounds

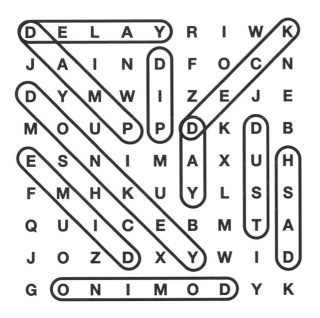

```
D E L A Y R I W K
J A I N D F O C N
D Y M W I Z E J E
M O U P P D K D B
E S N I M A X U H
F M H K U Y L S S
Q U I C E B M T A
J O Z D X Y W I D
G O N I M O D Y K
```

DR Sounds

```
W U S K A C H L O
T V E W E R D S M
F L D R I B B L E
I D R E S S E R H
R R R L V Y G I D
D Y W A M Q U Y R
K E P M G U I B A
D R O N E O R X I
E V O R D L N D N
```

Long E Sounds

```
N U D T A E S J T
S T E E P I D R E
O B E E T Y T A A
M K P A E N W E L
C S O M K I L H M
I H X A Q E J I W
N U E Z W R E A L
T L Y A M T N W Y
B N C K T X Y R A
```

Short E Sounds

```
T H I L M D U B I
W S L E F T S Y J
Q U E X Z E U X
K R O W A S L I F
K E C K G L L E B
B N I L D I T B F
O T L E F Y G E Z
C H I D U M E N D
I H E N L L U D O
```

FL Sounds

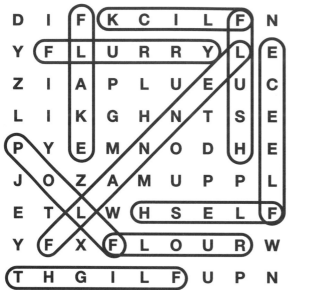

```
D I F K C I L F N
Y F L U R R Y L E
Z I A P L U E U C
L I K G H N T S E E
P Y E M N O D H E
J O Z A M U P P L
E T L W H S E L F
Y F X F L O U R W
T H G I L F U P N
```

FR Sounds

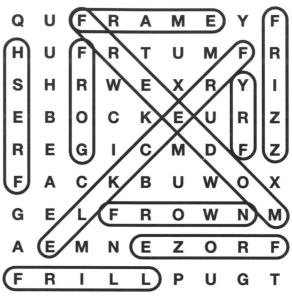

```
Q U F R A M E Y F
H U F R T U M F R
S H R W E X R Y I
E B O C K E U R Z
R E G I C M D F Z
F A C K B U W O X
G E L F R O W N M
A E M N E Z O R F
F R I L L P U G T
```

GL Sounds

```
G Z O A P G L E E
W R E D I L G Y V
G O B S N A L P O
L M A H U R A I L
I L A I G X Z Z G
N C R L A L E P L
T M A O T H O E U
R D N A L G F B M
J G L O O M Y S Z
```

GR Sounds

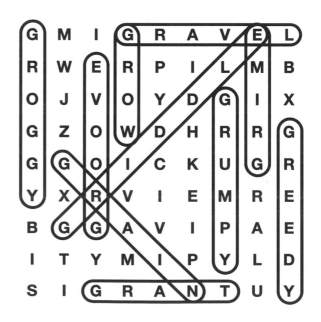

```
G M I G R A V E L
R W E R P I L M B
O J V O Y D G I X
G Z O W D H R R G
G O I C K U R R E
Y X R V I E M R E
B G G A V I P A D
I T Y M I P Y L D
S I G R A N T U Y
```

H Sounds

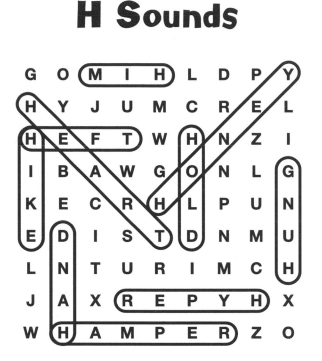

Long I Sounds

Short I Sounds

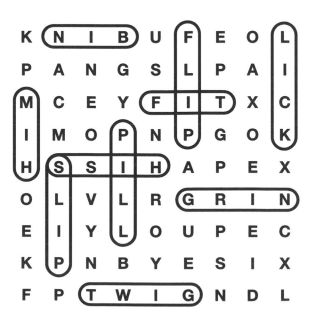

J Sounds

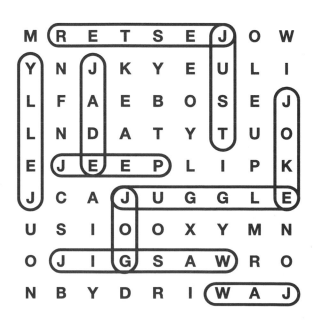

KN Sounds

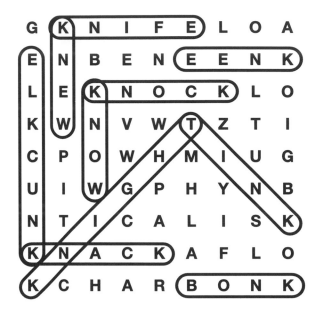

```
G K N I F E L O A
E N B E N E E N K
L E K N O C K L O
K W N V W T Z T I
C P O W H M I U G
U I W G P H Y N B
N T I C A L I S K
K N A C K A F L O
K C H A R B O N K
```

L Sounds

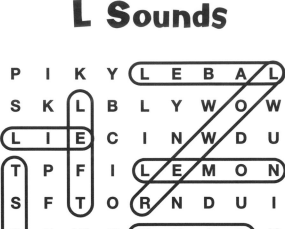

```
P I K Y L E B A L
S K L B L Y W O W
L I E C I N W D U
T P F I L E M O N
S F T O R N D U I
O R W E K N I L X
L A S T P U B P Y
C A W M A L U N G
S P M U L T E R Z
```

M Sounds

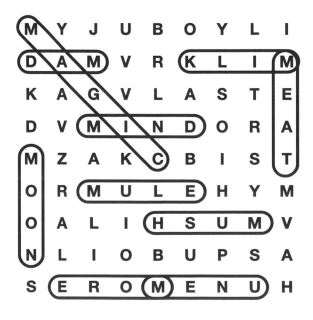

```
M Y J U B O Y L I
D A M V R K L I M
K A G V L A S T E
D V M I N D O R A
M Z A K C B I S T
O R M U L E H Y M
O A L I H S U M V
N L I O B U P S A
S E R O M E N U H
```

N Sounds

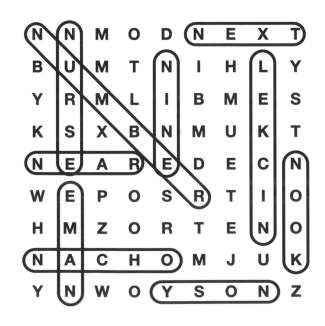

```
N N M O D N E X T
B U M T N I H L Y
Y R M L I B M E S
K S X B N M U K T
N E A R E D E C N
W E P O S R T I O
H M Z O R T E N O
N A C H O M J U K
Y N W O Y S O N Z
```

58

NG Sounds

```
B U Z L R A N G L
I C K O M Y F N I
T W U N D E R I K
H U N G Z G E S D
I C H B A N G A F
N T E B W I T R L
G B O L L W O X I
G N O R T S J S N
V N Y I C L A N G
```

NK Sounds

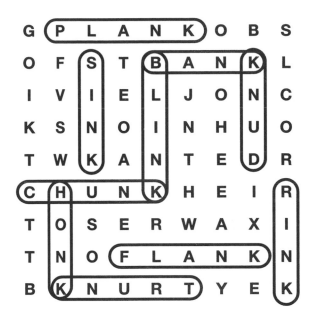

```
G P L A N K O B S
O F S T B A N K L
I V I E L J O N C
K S N O I N H U O
T W K A N T E D R
C H U N K H E I R
T O S E R W A X I
T N O F L A N K N
B K N U R T Y E K
```

Long O Sounds

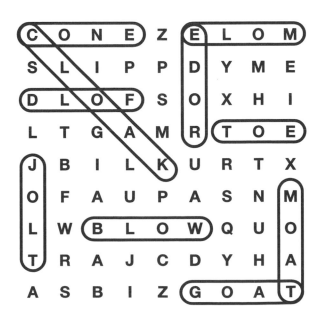

```
C O N E Z E L O M
S L I P P D Y M E
D L O F S O X H I
L T G A M R T O E
J B I L K U R T X
O F A U P A S N M
L W B L O W Q U O A
T R A J C D Y H A
A S B I Z G O A T
```

Short O Sounds

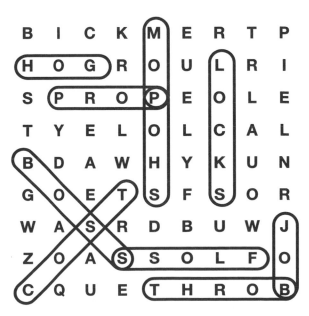

```
B I C K M E R T P
H O G R O U L R I
S P R O P E O L E
T Y E L O C A L N
B D A W H Y K U N
G O E T S F S O R
W A S R D B U W J
Z O A S S O L F O
C Q U E T H R O B
```

PL Sounds

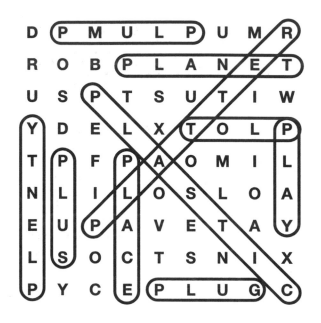

```
D P M U L P U M R
R O B P L A N E T
U S P T S U T I W
Y D E L X T O L P
T P F P A O M I L
N L I L O S L O A
E U P A V E T A Y
L S O C T S N I X
P Y C E P L U G C
```

PR Sounds

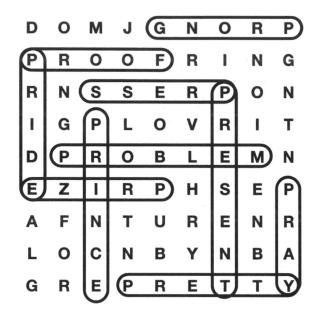

```
D O M J G N O R P
P R O O F R I N G
R N S S E R P O N
I G P L O V R I T
D P R O B L E M N
E Z I R P H S E P
A F N T U R E N R
L O C N B Y N B A
G R E P R E T T Y
```

QU Sounds

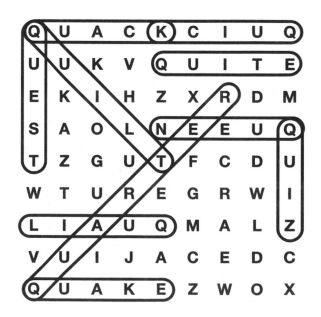

```
Q U A C K C I U Q
U U K V Q U I T E
E K I H Z X R D M
S A O L N E E U Q
T Z G U T F C D U
W T U R E G R W I
L I A U Q M A L Z
V U I J A C E D C
Q U A K E Z W O X
```

R Sounds

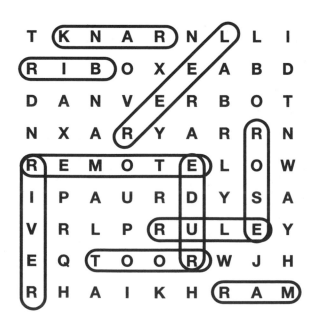

```
T K N A R N L L I
R I B O X E A B D
D A N V E R B O T
N X A R Y A R R N
R E M O T E E L O W
I P A U R D Y S A
V R L P R U L E Y
E Q T O O R W J H
R H A I K H R A M
```

SC Sounds

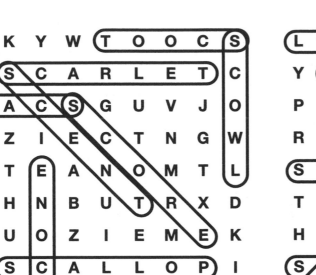

SK Sounds

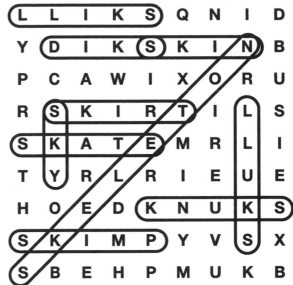

SL Sounds

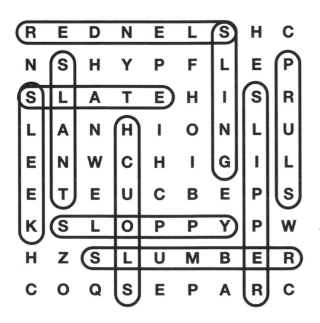

SM Sounds

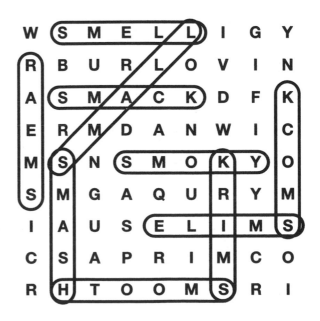

SN Sounds

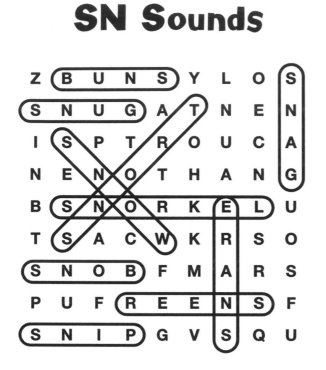

ST Sounds

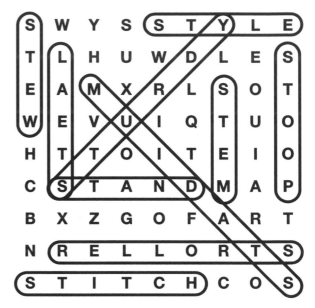

SW Sounds

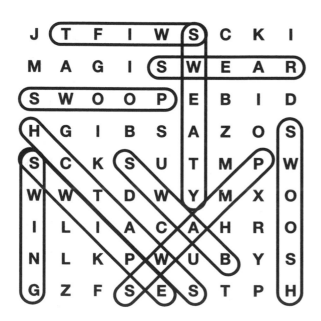

TH Sounds

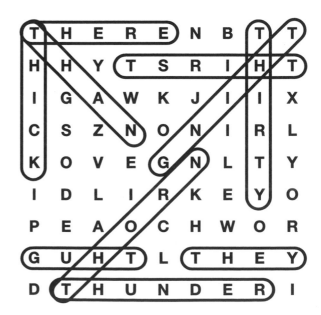

TR Sounds

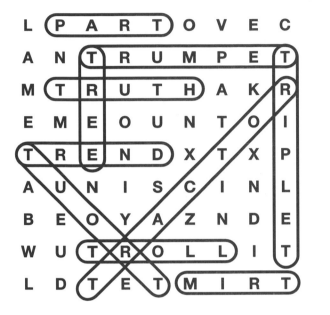

L	P	A	R	T	O	V	E	C
A	N	T	R	U	M	P	E	T
M	T	R	U	T	H	A	K	R
E	M	E	O	U	N	T	O	I
T	R	E	N	D	X	T	X	P
A	U	N	I	S	C	I	N	L
B	E	O	Y	A	Z	N	D	E
W	U	T	R	O	L	L	I	T
L	D	T	E	T	M	I	R	T

Long U Sounds

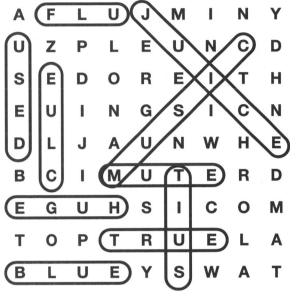

A	F	L	U	J	M	I	N	Y
U	Z	P	L	E	U	N	C	D
S	E	D	O	R	E	I	T	H
E	U	I	N	G	S	I	C	N
D	L	J	A	U	N	W	H	E
B	C	I	M	U	T	E	R	D
E	G	U	H	S	I	C	O	M
T	O	P	T	R	U	E	L	A
B	L	U	E	Y	S	W	A	T

Short U Sounds

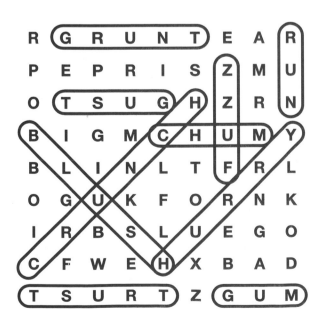

R	G	R	U	N	T	E	A	R
P	E	P	R	I	S	Z	M	U
O	T	S	U	G	H	Z	R	N
B	I	G	M	C	H	U	M	Y
B	L	I	N	L	T	F	R	L
O	G	U	K	F	O	R	N	K
I	R	B	S	L	U	E	G	O
C	F	W	E	H	X	B	A	D
T	S	U	R	T	Z	G	U	M

V Sounds

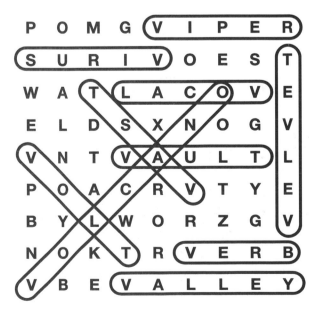

P	O	M	G	V	I	P	E	R
S	U	R	I	V	O	E	S	T
W	A	T	L	A	C	O	V	E
E	L	D	S	X	N	O	G	V
V	N	T	V	A	U	L	T	L
P	O	A	C	R	V	T	Y	E
B	Y	L	W	O	R	Z	G	V
N	O	K	T	R	V	E	R	B
V	B	E	V	A	L	L	E	Y

WH Sounds

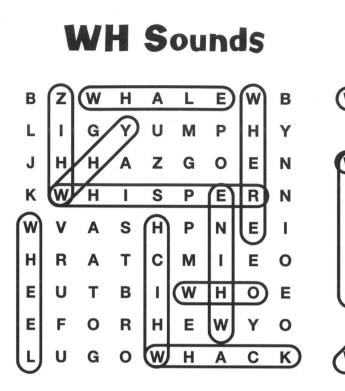

WR Sounds

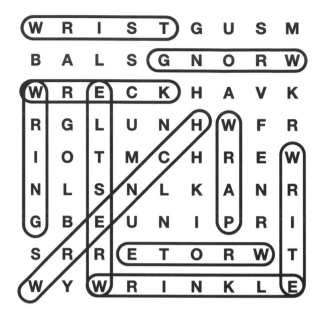

Y Sounds

Z Sounds

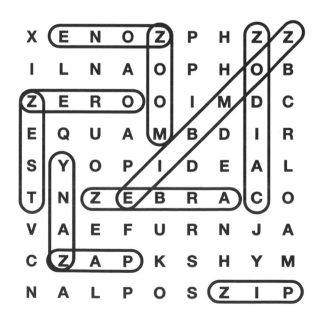

64